THORWALD DETHLEFSEN

VORTRAGS-
ZYKLUS **N° 15** 

ASTROLOGIE ALS SYMBOL

Praktische psychologische Typenlehre

AURINIA

Thorwald Dethlefsen

ASTROLOGIE ALS SYMBOL

PRAKTISCHE PSYCHOLOGISCHE TYPENLEHRE

Das Buch zum Vortrag No. 15

MIX
Papier aus verantwortungsvollen Quellen
FSC® C100431

Dieses Buch wurde auf FSC®-zertifiziertem Papier gedruckt. FSC® (Forest Stewardship Council®) ist eine nicht staatliche, gemeinnützige Organisation, die sich für eine ökologische und sozialverantwortliche Nutzung der Wälder unserer Erde einsetzt.
Gedruckt auf Pamo Super Werkdruckpapier von Arctic Paper. Hergestellt in Deutschland.

Umschlagdesign: Oliver Hahn
Umschlagfoto: fotolia.com
Lektorat: Anke Schenker
Satz und Herstellung: Robert B. Osten

Printed in EU
ISBN 978-3-95659-545-5
1. Auflage

Besuchen Sie auch unsere Websites:

www.aurinia.de · www.thorwald-dethlefsen.de

Hinweis

Aufgrund der großen Nachfrage über mehrere Jahrzehnte hinweg veröffentlichen wir die Vorträge von Thorwald Dethlefsen nun auch in schriftlicher Form. Wir sind uns der Problematik bewusst, dass gesprochenes Wort nicht einfach in geschriebene Form überführt werden kann.

Wir haben uns entschieden, die wörtliche, das heißt die tatsächliche von Thorwald Dethlefsen gesprochene Sprache wiederzugeben und keine Überarbeitung vorzunehmen, die eine schriftliche Form eigentlich verlangen würde. Thorwald Dethlefsen war das Medium Sprache über die Maßen wichtig. So wollen wir es uns nicht erlauben, in sein Werk einzugreifen, sondern geben die Vorträge originalgetreu wieder, um dem Geist von Thorwald Dethlefsen so nah wie möglich zu bleiben. Wir verzichteten somit bewusst auf viele Korrekturen, die ein Lektor, der Gesprochenes in Geschriebenes überführt, sicherlich machen würde. Nur ganz wenige, rein formale Änderungen wurden vorgenommen, die uns unabdingbar schienen.

Wir wünschen unseren Leserinnen und Lesern bei der Lektüre dieser Vorträge, dass ihnen die schriftliche Form neue Einsichten und ein tieferes Verständnis der Inhalte eröffnen wird, als es das gesprochene Wort allein vermag.

Vortrag von 1988

Vielen Dank und guten Abend, meine sehr verehrten Damen und Herren.

Wenn wir das Bild der ersten Tarot-Säule betrachten, dann sehen wir ihn, Osiris, oder auch genannt »der Magier«; ihn, der bereit ist, die ersten Schritte zu tun, der bereit ist, seinen Weg zu gehen. Wir sehen ihn, wie er zwischen Himmel und Erde dasteht mit beiden Beinen auf dem Boden, behütet mit einem Hut, dessen Krempe eine Lemniskate, das Symbol der Unendlichkeit, zeigt. Und er, dieser Magier, der den Weg gehen will, muss als Erstes natürlich seine Situation begreifen, in der er steht. Er muss die Grundsituation des Menschseins begreifen. Und diese zeigt uns dieses Bildchen – das, was das Menschsein ausmacht, nämlich zwischen Himmel und Erde zu stehen, ausgespannt zu sein zwischen oben und unten.

Und das ist die Sonderstellung des Menschen. Und das ist das Kreuz des Menschen. Es ist das Problem des Menschen, dass er nicht ganz oben zu Hause ist und nicht ganz unten zu Hause ist. Die Engel haben dieses Problem nicht. Sie gehören zum oberen Bereich. Die Tiere haben das Problem nicht. Sie gehören zum unteren Bereich. Im Menschen, allein im Menschen trifft sich beides. Er ist Tier *und* Gott, hat Erde *und* Himmel in sich. Und dieser Gegensatz ist es, der ihn fast zerreißt. Diese »zwei Seelen, ach, in meiner Brust«, wie es der Dichter beschreibt, sind es, die die Spannung, die Konflikthaftigkeit im Menschen anlegen. Ständig fühlt er sich gezwungen, sich zu entscheiden. Will er sich der Erde zuwenden, dem Unteren, will er sich dem Himmel zuwenden, dem Oberen?

Versucht er das eine, dann zieht das andere an ihm und umgekehrt. Konflikthaftigkeit. Ausgespannt sein, eingespannt sein. Die Aufgabe für ihn heißt nicht, sich zu entscheiden zum Entweder-oder, sondern die Aufgabe heißt, die beiden Dinge zusammenzubringen, die Gegensätze in sich, in seiner Brust zu vereinigen. Er muss zum Mittler der Gegensätze werden. Er muss zum Pontifex werden, zum Priester. Das lateinische »Pontifex« heißt ja wörtlich »Brückenbauer«. Er muss es schaffen, die Brücke vom Unten zum Oben, vom Oben zum Unten herzustellen. Er muss im wörtlichen Sinne Yoga üben, um diesen Sanskrit-Begriff einzuführen, denn Yoga meint im eigentlichen Sinne, diese Brücke zu bauen zwischen den Gegensätzen, denn Yoga ist verwandt mit dem lateinischen »iugum«, mit dem deutschen »Joch«. Und das Joch verbindet immer zwei Pole, zwei Stiere, zwei Eimer – überbrückt das, was getrennt ist. In diesem Sinne ist er aufgefordert, Yoga zu üben, um die Gegensätze zu überbrücken, um Himmel und Erde in sich zu einen. Die *conjunctio oppositorum*, die Vereinigung der Gegensätze, das ist das große Werk, das ihn herausfordert, ihn, den Magier.

Damit haben wir die Grundpolarität und die Grundspannung, die einzig und allein dem Menschen vorbehalten ist – diese Grundspannung zwischen zwei Polen, die einst einmal eins waren. Doch wir, die wir uns in der Welt der Gegensätze, in der Welt der Spaltung, in der Welt der Polarität vorfinden, für uns sind Himmel und Erde Gegensätze, Oben und Unten Gegensätze. Und doch gilt es, mit der Zeit zu begreifen, dass das Untere nur ein Abglanz des Oberen ist, dass das, was wir als Unten,

als Irdisches, als Korporales, als Stoffliches vorfinden, dass dies nichts anderes ist als eine Verfestigung des Himmlischen, eine Verfestigung des Geistigen.

Stoff ist geronnener Geist, ist Fleisch gewordene Idee, Fleisch gewordenes Wort, wie es der Evangelist Johannes formuliert. Es ist wichtig, mit der Zeit zu begreifen, dass diese Gegensätze eine Analogie besitzen. In der Esoterik sagt man: »Wie unten, so oben«, im christlichen Glaubensbekenntnis: »Wie im Himmel also auch auf Erden.« Dieser Bezug muss entdeckt werden, dass letztlich das Irdische nur verfestigter Himmel ist, geronnene Idee. Und damit sollten zwei Dinge klar werden: Erstens, dass sich Wirklichkeit auf eine Welt der Ideen bezieht, auf etwas Nichtstoffliches, auf das, was wir oft »geistig« nennen, auf das, was wir jetzt eben »himmlisch« nannten. Viele Menschen meinen, wenn sie von Wirklichkeit sprechen, gehöre dazu dieses Haus und dieser Projektor, das Mikrofon und unser Körper. All dies gehört aber gerade *nicht* zur Wirklichkeit. Gerade das sind unwirkliche Dinge, es sind Dinge der Vielfalt, es sind irdische, formale Dinge, sie sind *erwirkt*.

Das Wort »Wirklichkeit« bezieht sich auf das Wirkende, nicht auf das Erwirkte. Das Erwirkte ist ein Abglanz, ist ein Abdruck und damit ein Ausdruck der Wirklichkeit. Die Wirklichkeit, das sind die Ideen, das sind die Urbilder, das sind die geistigen Matrizen, die sich im Stofflichen gerinnen, die sich im Stofflichen inkarnieren und zu Formen führen. Formen, das Sichtbare ist also immer ein Gleichnis für das Unsichtbare. Wirklichkeit ist das Wirkende und das Wirkende ist die Welt der Ur-Ideen, wie es

Plato formulierte. Wirklichkeit ist also immer metaphysischer Natur – »metá phýsis« – hinter dem Natürlichen, hinter dem Kreatürlichen, hinter dem Formalen. Wir werden in Zukunft auch in diesem Zusammenhang von »Inhalten« sprechen. Uund ich möchte hier schon betonen, dass Inhalte eben auch etwas darstellen, was mit Ideen, mit Bewusstseinsinhalten zu tun hat, auf jeden Fall mit etwas Nichtstofflichem, Nichtkorporalem.

Die Polarität, der Abglanz dieser Wirklichkeit, ist die Realität. Die Realität spiegelt die Wirklichkeit wieder, aber sie ist es nicht. In der Realität finden wir uns vor. Die Realität ist, wie das Wort schon sagt, unser Königreich, das Königreich der Formen. Hier sind wir nun – ebenfalls eingekörpert in eine Form, in einen Körper, inkarniert als Mensch, umgeben von einer Welt von Formen. Diese Welt – sie wird ja auch in der Tradition nicht umsonst »Frau Welt« genannt –, diese Welt der Formen, das Stoffliche ist für den Menschen so etwas wie der Nährboden, der Humus. Beachten Sie die sprachliche Verbindung zwischen Humuserde und Homo, der Mensch. Es ist der Humus des Menschen, es ist die Plazenta, die Gebärmutter des Menschen. Und er findet sich innerhalb dieser Stofflichkeit erst einmal gefangen vor, umschlossen wie ein Embryo im Mutterleib. Es ist dunkel für ihn, er ist gefangen in der Nachtseite des Stofflichen, im Gefängnis der Form, im Gefängnis des Fleisches. Doch seine Aufgabe ist, herauszuwachsen wie ein Keimling aus dem Saatkorn, das in die Erde gesenkt wurde, mit der Zeit herauswachsen wird, sich dem Lichte entgegenstrecken wird, sich nach oben winden wird und irgendwann die Blüte gen Himmel öffnen wird. Und das ist

das Bild für den Weg des Menschen. Und das ist die Ambivalenz, die in diesem weiblichen Bereich des Irdischen zu sehen ist. Es ist auf der einen Seite Hindernis, Gefängnis, Dunkelheit, auf der anderen Seite Nährboden; das, was die Möglichkeit zum Wachstum zur Verfügung stellt, die Möglichkeit zur Neugeburt, zur Wiedergeburt; die Möglichkeit, ans Geistige einmal heranzukommen, an den Himmel heranzukommen, in den Himmel zu kommen. Es liefert die Möglichkeit, es liefert die Nährstoffe. Ohne ihn, den Nährboden, ohne die Welt, ohne den Stoff, ohne die Form wäre dieser Weg nicht möglich. Und damit wird das Ziel des Menschen beschreibbar. Das Ziel des Menschen ist, irgendwann einmal die Stofflichkeit zu verlassen, sich irgendwann von der Stofflichkeit zu befreien – nicht im Sinne von Flucht, sondern von echter Überwindung.

Das Ziel des Menschen ist, Formen zu durchschauen, um an das heranzukommen, was hinter der Form steht. Denn die Welt der Formen ist für den Menschen von zweierlei Bedeutung. Auf der einen Seite umstellen die Formen den Menschen und umstellen seine Sichtweise. Er blickt im wahrsten Sinne des Wortes nicht mehr durch. Er sieht Formen, Formen, Formen … und sein Blick verliert sich in der Vielfalt. Überall wird er hingezogen von verlockenden Formen, von mayatischen Formen. Auf der anderen Seite ist gerade die Form Möglichkeit – Möglichkeit für ihn zu lernen, Möglichkeit, bewusster zu werden, zu wachsen, sehen zu lernen, aufzuwachen. Es kommt ganz darauf an, wie der Mensch mit der Welt der Formen umgeht. In dem Moment, wo er sich in der Form verliert – Beispiel dafür sind ein materialistisches,

funktionales Zeitalter, wie wir es in einem gewissen Sinne hinter uns haben oder noch erleben –, wenn sich der Blick des Menschen in den Formen und Funktionen verliert, dann wird er blind, dann wird die Form zum reinen Gefängnis, und er verliert sich immer mehr in der verlockenden Vielfalt und findet irgendwann keinen Ausweg mehr.

Dazu gibt es ein anderes Extrem, das auch keine Lösung bietet, nämlich Weltflucht, falsch verstanden als Spiritualität, Askese, böse Welt – und hinein ins Geistige, ins Astrale, ins Überirdische. Weltflucht führt auch nirgends hin außer zu Träumereien. Der Weg muss verstanden werden als die Mitte von diesen beiden Extremen, von diesen beiden Einseitigkeiten. Und diese Mitte heißt, Form zu begreifen als Möglichkeit, Form zu begreifen als Kontaktstelle. In dem Moment, wo man begreift, dass Form Abbild einer Idee ist, dass das Irdische Abbild des Oberen ist, des Geistigen, dann muss ich mit der Form so umgehen, dass ich lerne, sie zu durchschauen. Welt will durchschaut werden, nicht geflohen und auch nicht sich in ihr vergraben, sondern Welt im Sinne von Form will durchschaut werden. Wenn Form zum Gleichnis wird, wird die Form zur Kontaktstelle mit dem Anderen, mit dem Numinosen, mit dem Göttlichen, mit dem Geistigen, mit dem Wirklichen, wie immer Sie es nennen in ihrer Terminologie. Das setzt voraus, dass der Mensch begreift, dass Form »Symbol« ist. Da wir hier bei einem sehr wichtigen Begriff sind, möchte ich auf den ein wenig näher eingehen. Es lohnt sich, dort in den sprachlichen Zusammenhang hineinzuschauen. »Symbol« kommt vom griechischen »sýmbolon«, und dieses kommt vom

Verb »symbállein«. Dieses Verb setzt sich zusammen aus »bállein« (werfen) und der Präposition »syn-« (zusammen), so wie wir es auch aus dem Wort »Symphonie«, dem Zusammenklang, her schon kennen. »Symbállein« heißt also wörtlich »zusammenwerfen«. Es gibt auch eine andere Zusammensetzung mit dem Wort »bállein«, eine gegenpolare. Statt »syn-« (zusammen) gibt es eine Präposition »dia-« (auseinander). Verbinden Sie das mit dem Verb »bállein«, dann entsteht »diabállein« (auseinanderwerfen, entzweien). Von »symbállein« leitet sich das »Symbolon«, das Symbol ab, von »diabállein« der »Diabolos« oder das Diabolische.

Das sind die beiden Pole – »Symbol« und »Diabol«. Wer dies begreift, der hat vielleicht die Grundstruktur des esoterischen Weges in den Händen. Es gibt diese zwei Grundmöglichkeiten, *sym*bolisch zu denken und zu arbeiten oder *dia*bolisch zu arbeiten. Wer symbolisch arbeitet, versucht die Dinge zusammenzukriegen. Wer diabolisch arbeitet, entzweit, denn die Zweiheit, die Entzweiung ist das Wesen des Diabolischen, das Wesen des Teuflischen, weswegen er nicht nur mit zwei Hörnern oder zwei verschiedenen Füßen dargestellt wird, sondern immer auch ausgestattet wird mit Symbolen der Zweiheit, der Gabelungen.

In der Antike gab es einen Brauch, dass man bei einer geschlossenen Gastfreundschaft einen kleinen Ton-Ring, einen Kreis, etwas Vollkommenes zerbrach in zwei Hälften, und jeder Gastfreund nahm zu sich eine Hälfte. Traf man sich wieder, dann warf man diese beiden Ringhälften zusammen und erkannte daran die geschlossene Gastfreundschaft. Diese Ringe nannte man »Symbolon«. Schon diese Geschichte, schon dieser Hintergrund ist ein schönes Symbol, zeigt es doch, worum es geht – um das Zerbrechen von Einheit und um das Zusammenfügen von dem, was zerbrochen ist, um das Heilen des Entzweiten. Symbol ist kein Zeichen. Ein Zeichen ist etwas, was der Mensch setzt. Es gibt Verkehrszeichen, aber keine Verkehrssymbole. Beim Zeichen formuliert der Mensch: »Dieses soll genau das bedeuteten.« Das Symbol existiert ohne Zutun des Menschen. Es ist an sich da, es ist archetypisch vorhanden. Der Mensch findet das Symbol vor. Er kann es erkennen oder nicht erkennen. Das Symbol existiert von sich aus. Das wird in unserer Zeit häufig übersehen, und die Symbole werden auf Zeichen reduziert. Doch vielleicht um einen Zugang zu finden zu dem, was ich eben sagte – denken Sie einmal an Traumsymbole. Wenn Sie träumen, träumen Sie symbolisch. Dazu ist es nicht notwendig, dass Sie erst ein Traumbuch lesen und die Symbole auswendig lernen, damit Sie nun richtig träumen. Es ist ein archetypischer Prozess. Das Symbol meint immer das, was es meint. Es ist von sich aus Ausdruck einer Idee. Es ist eingekörperte Idee, Fleisch gewordenes Wort, unabhängig vom Menschen. Der Mensch kann nun diese Form, die er vorfindet, als Symbol benutzen, und er wird dann in Kontakt kommen mit dem Inhalt, der zu jeder Form gehört. Denn es gibt wenig Formen ohne Inhalt. Wenn ich sage »wenig«, dann will ich damit die kleine Ausnahme andeuten, dass es leere Formen kurzfristig einmal geben kann. Das entspricht auf der menschlichen Ebene z. B. einer Leiche. Und Sie wissen selbst, dass diese Leiche keinen langen zeitlichen Bestand hat. Leere Formen zerbrechen. Eine Form hat normalerweise immer einen Inhalt, der sich über die Form eben ausdrückt.

Wenn wir anfangen, alle Formen symbolisch zu verstehen, dann werden alle Formen, von denen wir umgeben sind, zur Kontaktstelle mit Inhalt, mit dem Numinosen, mit dem Metaphysischen, mit dem Wirklichen, mit dem, was hinter der Form steht. Die Welt der Form, die uns erst den Blick verbaute, wandelt sich zum Hilfsmittel, um den Durchblick, die Einsicht zu gewinnen.

Das Erste, was man lernen muss, um den Weg der Befreiung aus der Blindheit, aus der Schlafumfangenheit des menschlichen Daseins zu gehen, ist, die Welt als Symbol zu begreifen, als Symbol zu behandeln, die Welt als Gleichnis zu erleben, ja, das ganze Leben zum Symbol, zum Ritual werden zu lassen, indem man begreift, dass es nie um die Dinge an sich geht im formalen Sinne, dass diese Formen auch austauschbar sind, aber dass sie immer Ausdruck einer Idee sind und damit Möglichkeit, bei richtigem Umgang damit mit der Idee in Kontakt zu kommen, sehender zu werden.

Vielleicht haben Sie bisher das Wort »Astrologie« vermisst. Sie werden sich fragen: »Wozu holt er so weit aus? Was hat das mit dem Thema zu tun?« Das Thema heißt »Astrologie, ein archetypisches Symbolsystem«. Ich habe sehr absichtlich so weit ausgeholt und eine Kulisse, einen Hintergrund aufgebaut, vor dem wir Astrologie betrachten wollen. Denn wenn Sie Astrologie nicht für den eben skizzierten Weg einsetzen, dann wird Astrologie für Sie zum Gift. Und deswegen sollte man es lieber lassen, denn Gifte haben wir bereits genug in unserer Welt. Astrologie hat seine Bedeutung, seine einzige Bedeutung darin, Hilfsmittel zu sein, den Weg der Individuation zu gehen, den Weg der Befreiung, den Weg des Durchschauens von Maya, von Welt, um in Berührung zu kommen mit dem Oben, mit dem Himmlischen, mit dem Geistigen, mit dem Wirklichen, mit dem Licht. Wenn das nicht die Motivation ist, Astrologie zu betreiben, dann sinken Sie zwangsläufig in Aberglaube und Zauberei. Unsere Welt zaubert so gerne. Wir alle stürzen uns auf die Themen, die uns wieder ein bisschen Zaubermacht versprechen. »Damit kann man doch so viel Praktisches machen. Ich habe gehört, damit kann man in die Zukunft sehen, damit kann man Prognosen machen, damit kann man den Charakter von jemand anderem erkennen, dann kann man die guten Zeiten ausrechnen und die schlechten. Das scheint doch etwas zu sein, das lohnt die Arbeit«, sagt unser Ich und möchte sich einmal wieder mehr verstricken.

Der esoterische Weg redet von *Ent*wicklung, und *Ent*wicklung heißt sich befreien von all den Dingen, in denen wir uns ja schon verwickelt haben, in denen wir uns als Verwickelte ja bereits vorfinden, wenn wir uns korporal als Mensch vorfinden. Es gibt keinen Grund, immer auf Ausschau zu sein nach mehr Systemen, sich noch weiter zu verwickeln. Aber es gibt Grund genug, Ausschau zu halten nach Möglichkeiten, die uns helfen, den enorm schwierigen Weg zu gehen der Entwicklung, der Bewusstwerdung, des Sehenlernens, des Aufwachens, des Bewussterwerdens – kurz, den Weg der Individuation oder sogar den Weg der Initiation. Dieser Weg ist so schwierig, dafür können wir sehr gut Hilfsmittel gebrauchen. Und eines dieser Hilfsmittel kann/könnte Astrologie sein. Ein großartiges Hilfsmittel, unserem Kulturkreis sehr nahestehend, nicht zwingend – das meint, es gibt

Alternativen für ein solches System –, aber ein sehr gutes System für den westlichen Menschen, wenn er begreift, wie man damit umzugehen hat, um sich nicht wieder in ichhaften Wünschen neu zu verstricken.

Was leistet Astrologie auf dem Weg? Astrologie ist ein Symbolsystem, d.h., dass Astrologie in der Lage ist, uns die Inhalte sichtbar werden zu lassen, die hinter der Vielzahl der Formen stehen. Es ist ein Hilfsmittel wie eine Brille, wie ein Mikroskop, das in die Lage versetzt, die Formen zu durchschauen, was im Einzelfall im täglichen Leben so schwer ist, weil wir von der Vielfalt geblendet sind. Astrologie kann gerade diesen Blick öffnen und zeigen, hinter den Formen sind die und die Archetypen, sind die und die Prinzipien, die und die Ideen. Astrologie kann uns etwas von der Ordnung zeigen, die in der Welt ist.

Der heutige Mensch hat im Großen und Ganzen den Zugang zu der Idee verloren, dass Welt Ordnung ist. Und die oberste Formel für den esoterischen Weg heißt: »Welt ist Ordnung.« Und daraus entsteht die Folgerung, dass dann der Weg darin besteht, sich einordnen zu lernen. Aber diese Ordnung muss man sehen. Und die meisten Menschen können mit dieser Idee überhaupt nichts anfangen und argumentieren: »Schaut doch in die Welt. Überall Chaos, überall Unordnung, überall Leid, überall grauenhafte Prozesse. Und dann spricht jemand von Ordnung. Ist das nicht eine traumverlorene Philosophie, etwas völlig Weltfernes, was ihr euch im Studierstübchen zurechtzimmert, weil ihr nicht den Mut habt, hinauszugehen und aktiv einzugreifen in die Vorgänge der Welt?«

Ein großes Missverständnis, wer dies meint. Und doch meinen es so viele. Welt ist Ordnung. Die Frage ist: Kann man sie sehen? Denken Sie an die Zeit, in der die Naturwissenschaft ihre großen Erfolge hatte. Da war am Anfang noch weniger bekannt von den einzelnen Ordnungsgesetzen des Bereiches, um den sich die Wissenschaft kümmerte. Und je länger man sich abmühte, umso mehr konnte man Gesetzmäßigkeiten entdecken. »Naturgesetze« würde die Wissenschaft sie nennen, Ausdruck von Ordnung. Das ganze wissenschaftliche Bestreben gründet auf der inneren Sicherheit, dass hinter allen Abläufen in der Natur Gesetze sind, also Ordnungsprinzipien. Im menschlichen Bereich, dort wo es uns betrifft, wollen wir diese Idee möglichst weit wegschieben, denn wir müssten dann eine Verantwortung übernehmen, die uns meist sehr unangenehm ist. Trotzdem sollten wir erst einmal den Ansatzpunkt sehen, dass es die Möglichkeit gibt, dass es Ordnung gibt auch dort, wo wir sie noch nicht sehen, wo wir sie noch nicht in die Sichtbarkeit gebracht haben. Welt ist Ordnung. Wir könnten auch sagen, der Weg des Menschen ist, diese Ordnung sehen zu lernen. Wenn er sie einmal total sieht, dann zeigt dies, dass er, der Mensch, *in Ordnung ist.*

Astrologie kann im täglichen Leben ein Hilfsmittel sein, uns bei schwierigen Vorgängen diese Ordnung teilweise immer wieder widerzuspiegeln, uns etwas von dieser Ordnung zu zeigen. Denn in der Astrologie begegnen uns Symbole, himmlische Symbole, die auf der Erde verwirklicht werden müssen. Denken wir an unser Eingangsbild, den Magier. Er hatte vor sich einen Tisch mit magischen Geräten. Das ist die Bühne des Lebens. Und er

ist aufgefordert, das Himmlische irdisch zu binden und zu verwirklichen und das Irdische durch Bewusstheit von seiner Stofflichkeit zu erlösen. »Solve et coagula« nennt dies die Alchemie – löse und binde. Das Obere muss nach unten geholt werden und gebunden werden, das Untere muss nach oben gebracht werden und gelöst werden. Das geschieht in der Mitte zwischen unten und oben. Das ist die Tätigkeit des Menschen, das ist seine Aufgabe. Seine Aufgabe ist, durch den Umgang mit den stofflichen Dingen seine Bewusstheit zu vergrößern, und seine Aufgabe ist es, Ideen stofflich einzukleiden und damit sich zu verwirklichen.

Astrologie kann uns dies zeigen, denn Astrologie ist ein Symbolsystem. Und diese himmlischen Symbole zeigen ganz konkrete irdische Aufgaben an. Bezogen auf den Menschen könnten wir sagen: Das, was wir sein »Horoskop« nennen, dieses symbolische Gebilde ist eine symbolische Darstellung für den Lehrplan seines Lebens, für die Aufgabenstellung seines Lebens. Der Mensch tritt an mit *seinem* Horoskop. Nun, dieses Horoskop hat so direkt vordergründig nichts mit ihm zu tun. Das Horoskop ist technisch gesehen die Messung einer Zeitqualität, nämlich jener Zeitqualität, unter der ein Mensch in diese Daseinswelt der Formen eintritt. Doch wenn er zu einer bestimmten Zeitqualität in dieses Dasein eintritt, dann heißt es, dass er in einer inneren Resonanz mit dieser Zeitqualität steht. Das macht es möglich, im Sinne der Analogie auf seinen Bewusstseinsstand zu schließen, aber das heißt doch nichts anderes, dass aus seinem mitgebrachten Bewusstseinsstand auch seine Aufgaben deutlich werden.

Es ist wie in der Schule. Der Schüler hat soundso viel gelernt,

das macht seinen Bewusstseinsstand aus. Er war in bestimmten Fächern sehr gut, in einigen mittelmäßig, in einigen ganz schlecht. Und dann gibt es ein Zeugnis. Dieses Zeugnis ist ja auch nichts anderes als ein symbolischer Ausdruck für einen erreichten Bewusstseinsstand. Und daraus ergibt sich, was er noch lernen muss, daraus ergibt sich, welche Schwierigkeiten er mit bestimmten Themen weiterhin haben wird und wo er keine Schwierigkeiten haben wird. Es ergibt sich der weitere Weg.

Ein solches Zeugnis und damit ein solcher Lehrplan sind nur die zwei Seiten derselben Sache. Ein solches Zeugnis, ein solcher Lehrplan ist das Horoskop. Aus ihm ist ersichtlich, was der Mensch an Bewusstheit, an Erledigtem, an Bearbeitetem mitbringt, und daraus ergibt sich, was noch zu tun ist. Da gibt es kein »schlechtes Horoskop« und da gibt es kein »gutes Horoskop«, keine schlechten Konstellationen und keine guten, keine günstigen und keine ungünstigen, keine Wohltäter und keine Übeltäter. Es gibt nur Aufgabe. Es gibt nur etwas zu tun. Horchen Sie bitte in das Wort »Aufgabe« hinein. Aufgabe ist das, was man einmal *aufgeben* muss, aber nicht, um sich davor zu drücken, sondern dann, wenn man die Aufgabe bewältigt hat, überwältigt hat durch eigene Aktivität, durch eigenes Tun.

Der Mensch tritt also mit einem Horoskop an, das in den verschiedenen Konstellationen die Aufgaben formuliert, die Themen, die darauf warten, in diesem Leben, in dieser Inkarnation durch aktives Tun bearbeitet zu werden und damit auch erlöst zu werden. Beachten Sie dabei bitte, dass die Konstellationen in einem Horoskop nur die Themen zeigen, die Inhalte zeigen, die

Prinzipien zeigen, niemals die Form. Formen sind austauschbar. Dasselbe Prinzip kann man in unendlich viele Formen einkleiden. Wem dies nicht klar ist, der wird Astrologie nie verstehen. Es ist ähnlich wie – ich erwähnte dieses Beispiel schon – der Lehrplan in einer Schulklasse. Dort stehen die Themen darin, nicht die einzelnen Formen und einzelnen Aufgaben. Da steht als Thema vielleicht »Multiplikation« oder »Gleichungen«, »Bruchrechnen«. Das ist ein Thema. In diesem Lehrplan steht nicht drin »3 x 2«, dann »7 x 8« und dann »9 x 3«. Das sind Formen, diese kann man beliebig vermehren, kann man reduzieren, kann man verändern. Doch dem Lehrplan geht es nur darum, dass das Prinzip integriert wird. Prinzip ist aber etwas Nichtstoffliches, etwas Nichtformales, ist ein Inhalt, eine Idee.

Multiplizieren ist ein gutes Beispiel, um klarzumachen, wie metaphysisch ein Prinzip ist. Niemand von Ihnen hat Multiplikation je gesehen, niemand wird es je sehen, niemand hat es angefasst, niemand kann es herzeigen. Multiplikation ist eine Idee, ein Bewusstseinsinhalt, etwas Nichtstoffliches, es ist nicht von dieser Welt. Was tun, wenn jemand, ein Kind z. B., diesen Bewusstseinsinhalt noch nicht in sich hat, zu dieser Idee noch nicht Ich sagt, also dieses Prinzip noch nicht integriert hat? Wir müssen es ihm beibringen, es muss lernen. Da wir nicht in der Lage sind, Multiplikation als solches zu zeigen, ihm in die Hand zu geben, müssen wir das Prinzip einkleiden, müssen wir es verstofflichen, müssen wir es in eine Form bringen. Dieser Schritt ist aber bereits etwas Beliebiges. Sie geben dem Kind nun Aufgaben und sagen: »Schau mal her, wir rechnen jetzt 2 x 3.« 2 x 3 ist nicht Multiplikation, 2x3 ist ein stofflicher, d.h. ein formaler Repräsentant, eine Ausdrucksform des Prinzips Multiplikation. Aber wir können eben ohne dieses Hilfsmittel der Form einen Menschen nicht in Kontakt bringen mit dem Unsichtbaren, mit der Idee, und so geben wir ihm eine Form und noch eine andere Form. Und wenn wir 3x2 gerechnet haben, rechnen wir 4x5 und dann 7x8 – unterschiedliche, austauschbare Repräsentanten, Formen ein und derselben Idee »Multiplikation«.

Wenn sich dieses Kind nun lange genug mit diesen Formen auseinandersetzt, wird es an einen Punkt kommen, wo es die Formen durchschaut und damit in Berührung, in Kontakt mit dem Inhalt kommt und in dem Moment sagt: »Ich hab's begriffen.« Was? Die Multiplikation, das Prinzip. In dem Moment werden all die vielen Formen unwichtig. Wir können sie vergessen, denn es hängt nicht am 3x9 und nicht am 4x7. Wenn er einmal das Prinzip begriffen hat, dann weiß er, das ist Multiplikation. Und er kann es wieder nicht herzeigen. Das ist ein Bewusstseinsinhalt.

Dieses einfache Beispiel kann in diesem Bereich sehr viel zeigen und vielleicht nachträglich auch noch viel klarmachen von dem, was ich anfänglich gesagt habe, dass die Form immer die Kontaktstelle ist, um mit dem Unsichtbaren in Berührung zu kommen, das Symbolon ist – wo die Ganzheit wiederhergestellt werden kann von Inhalt und Form, von Himmel und Erde, von Oben und Unten. Da ist die Kontaktstelle. Es gibt keinen Lernprozess und keine Bewusstwerdung ohne die Form. Auch wenn viele Esoteriker das nicht gerne hören. Ohne die Welt der Form ist Ler-

nen nicht möglich, weil die Kontaktstelle fehlt. Aber die Formen sind vielfältig, austauschbar, variabel.

Ich sagte, im Horoskop stehen die Inhalte, d. h. die Themen, die bearbeitet werden müssen. Es steht nicht dabei: »Genau in dieser Form und keiner anderen.« Wenn Ihnen ein Astrologe eine formale Prognose stellt, dann hat er diese niemals im Horoskop gesehen. Selbst dann nicht, wenn Sie stimmt. Er hat nur gut geraten. Es gibt Möglichkeiten, gut zu raten, aber es gibt keine Möglichkeit, eine Form im Horoskop zu sehen. Es gibt keine astrologische Möglichkeit, Ihnen zu prognostizieren: »Sie haben dann und dann einen Autounfall.« Weil im Horoskop kein Auto existiert. Das, was wir im Horoskop sehen, ist ein Thema. Ein Thema, mit dem Sie sich zu einer bestimmten und zwar berechenbaren Zeit auseinandersetzen müssen; ein Bewusstseinsinhalt, den Sie zu einer bestimmten Zeit integrieren müssen. Das können wir sehen und das mit beliebiger Genauigkeit. Aber nicht über welche Form.

Nun kann man aus Erfahrung natürlich eventuell gut tippen und sagen, in der heutigen Zeit wird dies und dies Thema von sehr vielen Menschen durch Autounfälle bearbeitet, und dadurch kann man bei astrologischen Prognosen eine gewisse Treffsicherheit erreichen. Aber es ist Raten und bleibt Raten. Ich möchte an dieser Stelle klarmachen, dass die Formen nicht im Horoskop zu sehen sind, aber nicht unter der Überschrift »*leider* nicht zu sehen sind«, denn diese sind ja gerade unwichtig. Der Mensch ist immer gierig nach der Form und sagt: »Wie wird es genau sein?« Weil sein Auge so orientiert ist in dem stofflichen unteren Bereich. Die

Astrologie kann gerade das sagen, was alle anderen Systeme nicht sagen können: Um welchen Inhalt geht es, um welches Thema geht es denn? Ob Sie es über die eine oder über die andere Form lernen, das ist dem Thema egal. Es ist eben genauso wie mit den Rechnungen. Ob Sie das Multiplizieren an 3x9 begreifen oder an 2x7, ist dem Multiplizieren und dem Lehrer egal. Hauptsache, an irgendetwas begreifen Sie es.

Wir sind deswegen hier an einem wichtigen Punkt, weil alles, was die Menschen machen, um Schicksal zu beeinflussen, der Versuch ist, Formen zu verändern, dabei vollbeschäftigt sind und nie merken, dass es nichts bringt. Alles, was gemacht wird, um Schicksal sicherer zu machen, Krankheiten zu vermeiden und dort Unglücksfälle abzusichern – da dies und da jenes –, ist Veränderung der Formen. Diese Bakterien werden ausgerottet, und diese Gefahrenquelle wird zugemacht, und dort wird abgesichert, dass das nicht mehr passieren kann, und dort erfinden wir etwas, damit wir das rechtzeitig in den Griff bekommen. Es sind alles Funktionen und richten sich auf Formen. Die Menschen merken auf einmal nicht mehr, dass sich damit Schicksal gar nicht verändert, denn wenn die eine formale Ebene zugemacht wird, d.h. unmöglich gemacht wird zum Gebrauch, dann kleidet sich das Thema eben in eine andere Form und begegnet Ihnen so. Alle Formen können Sie niemals dem Schicksal entziehen, denn dann gibt es zum Schluss kein Leben mehr. Und somit lohnt es sich, einmal Schicksal wirklich zu begreifen und einmal Ruhe zu geben mit diesem hektischen Verändern und Manipulieren von Formen. Ja, Sie können soundso viele Krankheiten wegimpfen.

Natürlich kann man es. Und? Wer diese Krankheit bekommt, für den ist es ja nur eine Form für einen bestimmten Erlebnisinhalt, um etwas Bestimmtes zu lernen, um in Kontakt zu kommen mit einem bestimmten Inhalt, mit einem Prinzip, um bewusster zu werden, um heiler zu werden. Nehmen Sie ihm diese Möglichkeit, muss er auf eine andere ausweichen. Für ihn ist es dasselbe. Man könnte sich viel Arbeit sparen, wenn man sich einmal die Mühe machen würde, Schicksal zu begreifen, es nicht als den großen zufällig vorbeikommenden und jeden bedrohenden Feind zu sehen, gegen den man sich funktional schützen kann, wenn man nur sehr aufmerksam ist, sondern zu begreifen, dass Schicksal etwas sehr Persönliches ist, etwas, was mit *mir* zu tun hat.

Schicksal setzt sich zusammen aus den beiden Worten »schicken«, das wir sehr schnell begreifen und kennen – schicken, senden –, und der Silbe »-sal«, die Sie noch aus dem Lateinischen kennen – »salus«, das Wohl, das Heil. Im Althochdeutschen gab es noch den Begriff des Salmanns. Das war ein Heiler. Schicksal, das ist das, was uns zum Heil geschickt wird, zur Bewusstwerdung geschickt wird, und hat immer etwas mit uns zu tun, ist eine Aufforderung zu lernen, ist eine Aufforderung, über den Umgang, über die Auseinandersetzung mit einer bestimmten Form in Kontakt zu kommen mit dem Inhalt, der hinter dieser Form ist.

Astrologie ist ein großartiger Weg, um diesen Durchblick zu schulen. Deswegen bin ich auch der Meinung, dass in unserer heutigen Zeit wenig so dringend fehlt wie Astrologie. Nicht um mehr vorhersagen zu können, nicht um noch mehr Sicherheit im menschlichen Leben einzubauen, sondern um einmal dieses andere Denken zu lernen, dieses völlig andere Denken, das nicht horizontal, kausal, funktional arbeitet, sondern das deutend arbeitet. Und Deuten heißt so lange eine Form anschauen, bis dahinter die Essenz der Form, die Idee sichtbar wird. Astrologie ist ein konkretes Hilfsmittel, um das zu lernen, das Sehen zu lernen, einen Bezug zum Schicksal herzustellen, und damit ein großartiges Hilfsmittel, um sich einordnen zu lernen. Denn der Mensch hat eben so seine Aufgaben; seine Aufgaben, die er bewältigen muss in dieser Inkarnation; seine Aufgaben, über die er bewusster werden muss, um immer ganzer, immer heiler zu werden. Der Mensch, der davon ausgeht, dass er völlig willkürlich mit einem Freiheitsbegriff, den er mit Willkür verwechselt, hier im Leben steht und machen kann, was er will, der kennt seine Bahn nicht. Er verstrickt sich in irgendwelche Prozesse, die gar nicht identisch sind mit seiner Bahn, mit seinem Lebensweg. Und so ist auch immer die Frage für ihn aktuell: »Woran kann ich erkennen, wie kann ich erkennen, was meine Bahn ist, wo mein Weg ist?« Nun, ich will Ihnen nicht einreden, dazu ist absolut Astrologie notwendig, und ohne Astrologie sind Sie hilflos verloren. Wenn ein Mensch einen guten Zugang zu seinem Unbewussten hat, dann wird er schon erspüren, wird er schon hören, wo es entlanggeht. Wenn der Mensch auch in sich hineinlauschen kann, hineinhorchen kann, dann wird er schon die Stimme vernehmen, die sagt: »Es geht dort entlang.« Nur diese Fähigkeit wird immer seltener. Wir sind immer mehr nach außen orientiert, sind immer ängstlicher dem Leben gegenüber geworden. Und das führt dazu, dass wir bereit sind, sehr, sehr früh Schienen, Bahnen zu betre-

ten, die wir dann freiwillig nicht mehr zu verlassen bereit sind. Wenn Sie sich klarmachen, mit welch jungen Jahren man große Entscheidungen trifft, in welcher Sturheit wir diese beibehalten. Da wählt man einen Beruf in der Jugend möglichst schon unter den Gesichtspunkten: wie viel Rente und Pension und Sicherheit und Unkündbarkeit. Und dann bleibt man auf dieser Spur. Wie lange? Ja, die nächsten 50, 60 Jahre oder bis zum Tod oder zum Rentenalter. Was das heißt? Der Beruf ist doch dazu da, sich zu verwirklichen und damit etwas zu lernen. Aber es kann doch passieren, dass das einmal gelernt ist und auf einmal etwas anderes gelernt werden muss. Und dann hat man kaum mehr Zeit dafür – für das andere –, denn man ist doch hier eingefädelt. Man hat sich einmal klargemacht, wie man zu leben hat. Die Eltern haben es einem schon gesagt, und so lebt man nun einmal. Und was würden die Nachbarn denken, wenn man auf einmal ausscherte! Und dadurch entsteht Starrheit, das Maschinenhafte, das Unlebendige. Wenn wir davon sprachen, einen Weg zu gehen, horchen Sie hinein, dass »einen Weg gehen« immer verbunden ist mit »weggehen«. Einen Weg gehen – das impliziert, dass man weggeht von der Sicherheit, von dem bürgerlichen Denken, von dem »Ja, und was ist dann, und ist das auch ganz gewiss, und was bekomme ich dann, und passiert mir auch nichts?«.

Einen Weg gehen heißt, sich der Welle des Lebendigen anzuvertrauen, heißt sich auszuliefern diesem riesigen Strom, der da heißt »Leben« und der unvergänglich ist. Und was führen wir für ein kleinkariertes Leben, wo halten wir uns nicht überall fest! Würde uns zum Glück nicht ab und zu eine Katastrophe davon wegreißen, es wäre arg um uns bestellt. Das einzig Gute im Leben eines Menschen sind die Katastrophen. Ich meine es wörtlich und ernst. Der Grieche hörte das noch in diesem Wort, wir hören es nicht mehr. Das zeigt, wie wir weggekommen sind von diesem Verständnis. Die »katastrophé« – das ist jener Punkt der Umwendung, das ist jener Punkt, wo etwas infrage gestellt wird, wo eine neue Richtung frei wird, wo sich ein neues Thema zeigt. Das sind die Katastrophen – dort, wo es weitergeht im Leben, wo wir aber gerne festhalten würden in unserem Krampf, um ja nicht lebendig zu werden, sondern unseren Schlaf und unseren Tod, den wir Leben nennen, weiterzuschnarchen.

Astrologie zeigt etwas von den Aufgabenstellungen, sagten wir, und diese sind vielfältig. Da gibt es eine Menge zu lernen, eine Menge von Prinzipien zu integrieren. Wie auch immer formal eingekleidet, Sie sehen es nicht im Horoskop. An dieser Stelle könnte man darauf hinweisen, dass ein solches Verständnis von Astrologie natürlich auch vorsichtig mit Prognostik umgeht. Prognostik im formalen Bereich – das ergibt sich von selbst – scheidet aus. Prognostik in dem Sinne, dass man auf bestimmte Themen hinweist, die nun dran sind, die nun bevorstehen für den Menschen, das ist ganz bestimmt im Einzelfall eine Hilfe. Man muss sehr behutsam damit umgehen, damit die Prognose nicht zu einem Raub an der Eigenentwicklung wird, nicht zu einem Fixpunkt, an den man sich wieder krallt, sondern wirklich im Sinne des Aufzeigens einer Aufgabe, des Aufzeigens des neuen Themas. Das ist zwangsläufig etwas sehr Abstraktes. Vielen Menschen, die

beraten werden, ist das zu abstrakt. Sie wollen immer das Konkrete. Sie wollen wissen: »Ja, soll ich mein Haus verkaufen oder nicht?« oder »Werde ich mich verlieben oder nicht?«, »Wie geht es denn jetzt weiter?« Vorsicht mit diesem Anspruch. Sie sind nicht gut beraten im wahrsten Sinne des Wortes, wenn man Ihnen auf solche Fragen Antworten gibt. Astrologie ist nicht dazu da – und der Astrologe schon gar nicht –, um ihren Lebensmut zu ersetzen und für Sie Entscheidungen zu treffen und die Verantwortung abzunehmen für ihr Leben. Der Astrologe ist nicht dazu da, dass man ihn leben lässt. Er ist höchstens dazu da, dass er einen auf etwas aufmerksam macht, wohin zeigt, einem hilft, etwas zu durchblicken – ähnlich wie ein Lehrer, der nicht dazu da ist, für den Schüler rechnen zu lernen, aber Hilfestellung zu geben bei dem Prozess, den jeder selbst machen muss. Daraus ergibt sich auch, dass es sinnlos ist, astrologische Warnungen auszusprechen oder Angst vor etwas zu machen oder mit Wertungen zu reden. Es gibt Aufgaben, und man kann nur dem Einzelnen guten Mut wünschen und ihm Mut machen, sich damit auseinanderzusetzen und so lernend einen Schritt weiterzugehen. Sie können wieder den Vergleich mit der Schule heranziehen. Wenn ein Kind von Ihnen nach Hause kommt und sagt: »Stell dir vor, ich habe erfahren, nächsten Mittwoch ist eine Schulaufgabe in Mathematik«, dann sagen Sie auch nicht: »Um Gottes willen, am besten, du bleibst zu Hause«, sondern Sie werden sagen: »Na ja, nutze die Zeit, lerne, und dann viel Spaß. Dann wird dir auch nicht viel passieren.« Das ist die Grundlage einer recht verstandenen Astrologie.

Diese Art von Astrologie »Dort kommt eine schlechte Konstellation, an dem Tag müssen Sie aufpassen, da gehen Sie lieber nicht aus dem Haus« gehört Gott sei Dank langsam der Vergangenheit an. Man kann es nur hoffen, dass sie bald ganz ausstirbt. Man kann Astrologie gar nicht *mehr* missverstehen. Sondern Astrologie muss benutzt werden, um zu sagen: »Es kommt dieses Thema auf Sie zu. Begreifen Sie es, bearbeiten Sie es, setzen Sie sich genau damit auseinander, und Sie brauchen keine Angst vor dieser Zeit haben.« Wenn Sie sich damit auseinandersetzen – mehr will das Schicksal von Ihnen nicht. Das Schicksal zwingt den Menschen zu lernen, zwingt ihn, seinen Weg zu gehen. Ob er es so benennt oder nicht, ob er es sieht oder nicht, ob er es freiwillig tut oder nicht – das Schicksal schiebt ihn immer in Richtung Licht. Denken Sie an den Keimling, an das Saatgut unter der Erde. Da gibt es etwas, das schiebt nach draußen. Es will, dass da etwas geschieht, dass sich da etwas entfaltet, etwas wächst, etwas nach oben strebt. Der Mensch kann diesen Prozess unterstützen durch Bewusstheit, durch Einsicht. Er kann sich durch Blindheit dagegenstemmen. Stemmt er sich dagegen, entsteht Reibung und damit mehr Leid. Ich will hier nicht die Illusion aufbauen, wenn Sie genügend Astrologie machen und wenn Sie genügend Dinge tun in diesem Bereich, dann können Sie Leid vermeiden. Leid ist etwas, was zum Menschsein gehört. Aber Leid kann ganz anders ertragen werden, wenn man dessen Sinn durchschaut, dessen Aufgabe durchschaut, wenn man sich bewusst ist, dass damit ein Reifungsprozess verbunden ist. Dieses heutzutage so häufig als blindes Leid erlebte Leid, als willkürliches; dieses Gefühl, man

ist Opfer geworden, ganz versehentlich, kann überhaupt nichts dazu; dieses nicht verstandene Leid ist eigentlich härter für den Betreffenden, weil er sich in eine Opferrolle hineinmanipuliert und damit den angeschnittenen Lernprozess oft nur sehr unvollkommen vervollständigt.

Ich möchte noch auf folgenden Zusammenhang hinweisen. Sie alle werden – mehr oder weniger die, die sich um dieses Thema kümmern – wissen, dass die Grundlage jeder astrologischen Betrachtung das Radixhoroskop ist. Das meint das Geburtshoroskop, das erstellt wird auf den Augenblick der Geburt eines Menschen, wenn wir von menschlicher Astrologie reden – was nicht zwingend ist, denn Astrologie können Sie auch auf alles andere beziehen. Aber uns interessiert hier, bezogen auf den Weg, natürlich in erster Linie das Horoskop eines Menschen. Dieses Radixhoroskop ist also ein symbolisches Abbild der himmlischen Situation, des himmlischen Musters und damit der Zeitqualität, unter der ein Mensch inkarnierte. Es bildet eine Struktur ab, ein Muster, das Muster dieses Menschen, das archetypische Muster, das hinter dem Korporalen, hinter dem Fleischgewordenen steht und das sich nun im Körper und durch den Körper ausdrückt und über das Körperliche verwirklicht werden will. Aber das Muster selbst ist etwas ganz Abstraktes. Das Horoskop bildet also dieses Muster ab und zeigt damit, wie wir sagten, die Aufgabe. Wenn Sie dieses Horoskop statisch interpretieren, dann entsteht daraus das, was wir »Persönlichkeitsanalyse« nennen, »Charakteranalyse«.

Stellen Sie sich das einmal sehr konkret vor an einem Beispiel: Ein Astrologie-eifriger Vater ist ausgerüstet mit Astrologie-Computern, Digitaluhr im Zimmer, wo seine Frau das Kind zur Welt bringt, und er wartet auf den ersten Schrei und tippt das ein. Und je nachdem, wie gut er ausgerüstet ist, hat er nach wenigen Minuten das fertige Horoskop. Wir nehmen noch weiterhin an, dass er nicht nur ein guter Techniker ist, sondern dass er von der Symbolik wirklich viel versteht, etwas sehen kann in diesem Symbolmuster. Und dann sieht er sozusagen mit einem Blick das Muster dieses Kindes, den Charakter dieses Kindes, die Persönlichkeitsstruktur dieses Kindes.

Wenn Sie sich das sehr bildhaft vor Augen führen, werden Sie merken, dass da irgendwie ein Unwohlsein bei Ihnen aufkommt oder mindestens das Gefühl: »Na ja, selbst wenn der sehr gut ist, das arme Kind hat ja noch gar keine Zeit gehabt, überhaupt so zu sein, wie der es sieht.« Die paar Minuten, die jetzt vergangen sind, hat das Kind jetzt einmal geschrien und ist gewickelt worden und abgenabelt. Das Kind konnte eigentlich das, was dieser Vater im Horoskop sieht, noch nicht verwirklichen, noch nicht umsetzen. Es trägt zwar dieses Muster als Potenz in sich, wie der Samen einer Sonnenblume eine ganze Sonnenblume als Potenz in sich trägt, aber im noch nicht geoffenbarten Zustand. Um diese Potenz zu offenbaren, um diese Potenz, diese Möglichkeit in die Sichtbarkeit umzusetzen, um sie Form werden zu lassen, braucht dieses Kind Zeit. So wie der Samen Zeit braucht, um sein inneres Sonnenblumendasein in die Sichtbarkeit und in die Form hinaus zu entfalten. Und das führt uns zur zweiten Möglichkeit, dasselbe

Horoskop zu interpretieren, indem wir Zeit hineinprojizieren. Und was dann herauskommt, nennen wir eine »Schicksalsanalyse«. Diese Schicksalsanalyse stellt dann fest, dass dieses Thema mit sieben Jahren dominant bearbeitet wird, während das andere Thema dominant erst mit 18 Jahren in Erscheinung tritt. Es ist vielleicht am Anfang etwas schwierig vorstellbar, wie diese beiden Ebenen synchron laufen. Natürlich ist dieser Mensch immer so, wie das Ganze es zeigt, aber aus diesem Ganzen heraus kristallisieren sich zeitabhängig bestimmte Themen und gehen in die Dominanz. Das heißt nicht, dass das andere nicht da ist, das heißt aber, dass es nur den Hintergrund bildet und vordergründig ein bestimmtes Thema bearbeitet wird. Und dies ist berechenbar. Und so entsteht eine Schicksalsanalyse, indem man aufzeigt, zu welchem Zeitpunkt im Leben welches Thema bearbeitet wird. Beachten Sie, die Grundlage ist dasselbe Horoskop, dasselbe symbolische Bild. Daraus folgt: Charakter + Zeit = Schicksal. Eine wichtige Formel, denn daran kann man begreifen lernen, dass diese ganz ungewisse Zukunft, an die viele Leute glauben, nichts anderes ist als ihr »Sosein« innerhalb von Zeit abgetragen.

Zeit bringt nur Dimensionalität, niemals etwas Neues. Das heißt, das, was wir als Schicksal erleben, ist nichts anderes, als das nach außen gestellte Innenleben, die nach außen gestellte Potenz, das nach außen verwirklichte Muster, das Sichtbarwerden innerhalb von Zeit und Raum, von dem, was wir immer in uns haben. Deswegen gibt es nur eine Aufforderung: Selbsterkenntnis. Und viele, die immer ihre Zukunft gedeutet haben wollen, wollen es nicht begreifen, wenn man sagt: »Wir deuten Ihnen nicht Ihre

Zukunft, wir sagen Ihnen, wer Sie sind.« – »Na, das interessiert mich nicht, ich möchte wissen, was kommt.« Wenn Sie sich kennen, kennen Sie Ihre Zukunft. Denn die Zukunft ist nichts anderes als das In-Formen-Einkleiden der eigenen Persönlichkeitsstruktur.

Vielleicht gehen wir noch einen etwas ungewohnteren Schritt weiter. Dasselbe Horoskop, von dem wir die ganze Zeit sprechen, das Radixhoroskop, hat auch auf einer dritten Ebene eine Gültigkeit. Ja, es ist eigentlich die naheliegendste Ebene, denn es ist das Ereignis-Horoskop der Geburt selbst. Das meint, es beschreibt die Zeitqualität, unter der diese Geburt abläuft. Es ist also das Ereignis-Horoskop des Geburtsvorgangs. Wenn Sie diese drei Schichten übereinanderlegen, wenn Sie sich klarmachen, dass dasselbe symbolische Muster zuständig ist für den Geburtsvorgang als solchen, für die Persönlichkeitsstruktur und für den Schicksalsablauf, dann merken Sie noch deutlicher, dass das Schicksal nichts anderes ist als in die Zeit projizierte Geburt. Der Geburtsvorgang vergrößert sich über die Dimensionalität von Zeit und wird zum Schicksalsablauf. Schicksalsablauf ist nichts anderes als eine vergrößerte Geburt. Geburt ist nichts anderes als ein verkleinertes Leben. Beides hat dasselbe Muster. Im Geburtsvorgang so klein, so komprimiert, dass es unserer Aufmerksamkeit meistens entgleitet; durch den Faktor Zeit so vergrößert, dass es für uns auffallend wird, eindrucksvoll wird. Ich betone dies, damit vielleicht klar wird, dass sich innerhalb unseres Lebens die Weichen nicht immer für all das ergeben, was geschieht, sondern dass unser Leben nichts anderes ist als ein durch die Hilfsmittel

von Zeit und Raum mögliches Umsetzen eines himmlischen, das meint eines metaphysischen Grundmusters, eines archetypischen Musters, einer archetypischen Struktur in Sichtbarkeit, in Form.

Leben ist ein ständiges Einkörpern von Ideen. Das meint das »coagula« aus dem alchemistischen Terminus mit der doppelten Aufforderung »solve et coagula«. Das meint die eine Tätigkeit unseres Magiers, der da mit der einen Hand gen Himmel gereckt dasteht und mit der anderen gen Erde zeigend. Er holt die Ideen vom Himmel und muss sie einkörpern. Das heißt Leben. Das heißt sich verwirklichen. Sich verwirklichen heißt etwas Mitgegebenes, etwas Mitgebrachtes verwirklichen, heißt Inhalte über Tätigkeit und aktives Tun umzusetzen in Stofflichkeit, in Welt. Und auf der anderen Seite – um diesen Pol nicht ganz zu verlieren – heißt es, die Formen, die uns entgegenkommen, zu durchschauen, sie von ihrer Eingebundenheit in Form wieder zu erlösen und zu mehr Bewusstheit zu benutzen. Das ist dieser gegenläufige, ständige, pulsierende, rhythmische Prozess von Leben und Lernen: Oberes wird zu Unterem, Unteres wird zu Oberem, Geistiges wird zu Stoff, und Stoff wird zu Geist; Idee, Bewusstsein wird zur Tat und Tat wird zu mehr Bewusstheit. Das ist das Muster des Lebens, das der Mensch geht. Astrologie ist das Hilfsmittel, das auf einer Symbolebene dieses Muster sichtbar werden lässt und uns damit eine Leitlinie geben kann für dieses Tun. Wenn wir es dafür benutzen, dann kann es ein großartiges Hilfsmittel sein für Selbsterkenntnis, für Erkenntnis des Musters, für Erkenntnis von Gesetzmäßigkeit und Ordnung. Ich sagte vorhin, Astrologie kann uns etwas zeigen von der Ordnung in die-

ser Welt. Ich sagte, Welt ist Ordnung. Der Mensch ist das einzige Mitglied dieser Welt, das immer diese Ordnung stört. Und damit ist es der Mensch, der in der Unordnung ist. Sein Weg fordert von ihm, sich einzugliedern, sich einzuordnen, in Harmonie zu kommen, sich einzuschwingen, seinen Weg zu finden, seine Bahn zu finden. Für diejenigen von Ihnen, die einen Blick für Horoskope haben, nur ein kleiner symbolischer Hinweis, wie sich diese große Spannung von Ordnung und Unordnung archetypisch im Gesamtbild zeigt. Der Tierkreis im Horoskop ist etwas Geordnetes, etwas Feststehendes. Jeder hat denselben Tierkreis in seinem Horoskop, immer in derselben Reihenfolge, immer das gleiche Muster. Dieser Tierkreis ist Ausdruck der Ordnung, der Weltordnung, des ewig, unveränderlich, immer Bleibenden. Und innerhalb dieses feststehenden Tierkreises finden Sie individuell veränderte Planetenpositionen, unterschiedliche Bilder mit Quadraten und Trigonen und an verschiedenen Orten, die verschiedenen Faktoren. Da schaut es bei jedem ganz anders aus. Die Planetenpositionen sind Ausdruck der individuellen Unordnung, des Nicht-eins-Seins mit der Welt. Und aus dieser Spannung heraus ergibt sich die Aufgabe. Diese Spannung ist das Drängende, das den Menschen hineinschiebt in den Weg der Individuation, das ihn zwingt, seine Unordnung mit der Zeit in Ordnung zu bringen, das Individuelle dem Kosmischen anzupassen. Oder um es drastischer zu sagen; es zu opfern, um eins zu werden mit der Ordnung, die da einfach ist; um eins zu werden mit dem, was man »kosmisches Bewusstsein« nennt oder die »Weltordnung« oder »Gott« oder was immer Sie einsetzen. Darin besteht der

Weg des Menschen. Und das Horoskop zeigt diese eingenommene Spannung an zwischen eigener Unordnung und der zu verwirklichenden Ordnung.

Zu dieser Unordnung gehört auch und gehört in erster Linie, dass über die Idee der Ich-haftigkeit ein »Du« entsteht und damit ein Teil von sich nach außen projiziert wird und als Welt, als »Du« erlebt wird. Wenn Sie es wieder symbolisch sehen möchten, dann haben wir im ersten Quadranten das, womit Sie in der Identifikation sind, wozu Sie »Ich« sagen, im dritten Quadranten das, was Ihnen als Welt scheinbar entgegenkommt, zu dem Sie »Du« sagen. Es ist nicht außen, es ist ihr Quadrant, gehört zu ihrer Ganzheit, die durch dieses Mandala symbolisiert wird. Aber Sie erleben es als »Du«. Sie sagen: »Da im siebenten Haus, da finde ich den Partner, da finde ich das Du.« Nun ja, da finden Sie die Teile von sich, die Sie bei der Eigenblindheit bei sich selbst nicht sehen können, für die Sie eine Spiegelung brauchen, den Umweg des Außen, um es zu erkennen. Doch wehe, wer vergisst, die Projektion zurückzunehmen. Es ist wie mit jeder Spiegelung. Wir können nur einen Teil unseres Körpers direkt sehen, ein Teil ist zwangsläufig unserem Anblick entzogen. Unabhängig davon, wie gut Sie sehen können, und unabhängig davon, wie gut Sie hinschauen, werden Sie ihre Augenfarbe nie sehen. Es sei denn, Sie benutzen den Umweg über das sogenannte Außen. Es sei denn, Sie benutzen einen Spiegel. Wenn Sie in einen Spiegel schauen, dann können Sie dort, d.h. sich gegenüber, Augen sehen mit einer bestimmten Farbe und sagen: »Hier sehe ich zwei Augen, die sind blau.« Wenn Sie auf dieser Stelle stehen blei-

ben, dann bringt der Spiegel nur mehr Verwirrung. Denn damit wissen Sie immer noch nicht, welche Augenfarbe Sie haben. Sie wissen jetzt nur: »Da drüben gibt es zwei blaue Augen.« Der notwendige Rest ist ein reiner Bewusstseinsschritt, nämlich sich über Bewusstheit klarzumachen: »Obwohl ich die zwei blauen Augen dort mir gegenüber sehe, sind es meine.« Das ist nicht mehr erfahrbar, das ist ein Bewusstseinsschritt. Beim physikalischen Spiegel, beim Glasspiegel, machen wir es alle, bei der Welt machen wir es nicht mehr. Dort vergessen wir den letzten Schritt und argumentieren immer wieder: »Ja, aber da ist doch ein anderer, und da gibt es doch das, und da ist doch das passiert, und der hat für mich das getan.« Jaja. Und was ist mit dem Bewusstseinsschritt zu begreifen, Sie sehen es außen, aber Sie sind es selbst? Es ist jener verlorengegangene Teil, jene Hälfte, die uns zur Ganzheit fehlt, jene Rippe oder, wie es sogar im hebräischen Urtext heißt, jene Seite, jener Schattenanteil, den Adam von seiner Ganzheit verloren hat im Paradies. Das ist der dritte Quadrant, d.h. jenes, was Ihnen scheinbar von außen entgegenkommt und was Sie selbst sind. Dieser Teil, den wir den »Schatten« nennen, der muss vor allem zurückerobert werden im Laufe Ihres Lebens – durch Tätigkeit, durch Leben, durch Sein in dieser Welt, durch Auseinandersetzung mit diesem Spiegel »Umwelt«, mit den vielen Formen. Machen wir es bewusst, betrachten wir Welt als Symbol, Leben als Symbol. Begreifen wir, dass das mayatische Spiegelungen sind, die dazu da sind, uns selbst sehen zu lernen und uns dadurch zu befreien, dass die Formen durchschaut werden müssen, um frei zu werden von ihrer Zauberkraft. Dann errei-

chen wir das Ziel von Bewusstheit, Ganzheit, Wachheit. Es ist der archetypische Weg des Menschen.

In den meisten Märchen ist genau dieser Weg vorgezeichnet. Sie wissen, beim Märchen, da gibt es immer irgendetwas Verzaubertes, Verwunschenes, Hässliches. Da gibt es dann immer eine ganze Anzahl von Aufgaben, schwierigste Aufgaben, an denen schon so viele gescheitert sind. Und der magische Held stellt sich diesen Aufgaben. Es sind konkrete Aufgaben. Konkrete Aufgaben, die unseren Helden aber an die Grenze des Erträglichen führen, an die Grenze von Leben und Tod, die die äußerste Kraft, die äußerste Angst, den äußersten Mut evozieren. Unser magischer Held lässt sich nicht abhalten. Er versucht die Aufgaben zu Ende zu bringen. Und wenn er diese Aufgaben löst, erlöst er damit das Verwunschene. Und es verwandelt sich meistens in eine Prinzessin, nämlich in jenen Teil, der ihm zur Ganzheit fehlt. Denn das Verwunschene war ja nur sein Schatten, war ja nur jener Anteil von ihm, den er nicht mochte, der eben in die Unsichtbarkeit und Unkenntlichkeit, in die Unbewusstheit verbannt und verzaubert wurde. Durch sein aktives Tun, durch sein Den-Weg-Gehen, durch sein Nicht-Zurückschrecken vor den Herausforderungen des Lebens konnte er seinen Schatten erlösen, und das Gemiedene entpuppt sich als das, was ihm zum Glück fehlt – weswegen er die Prinzessin heiratet, die *conjunctio oppositorum* durchführt, die Chymische Hochzeit, die Vereinigung der Gegensätze, und um zu herrschen ohn' Ende, immerdar, in Ewigkeit, jenseits von Stoff, von Welt, von Form, weil er seine Heimat wiedergefunden hat.

Das ist der Weg des Menschen durchs Leben. Das Horoskop ist ein Symbolsystem, das diesen Weg abbildet, ist der Fahrplan, der Lehrplan, an dem wir unseren Weg sehen können, unsere Aufgaben sehen können. Leben muss jeder selbst. Tun muss es jeder selbst. Und nur der, der den Aufgaben nicht aus dem Weg geht, sondern der sich aktiv mit all dem, was ihm als Karmafrüchte entgegenreift, auseinandersetzt, nur der wird schließlich in Ordnung und damit ins Ziel kommen.

Ich danke Ihnen.

Thorwald Dethlefsen

Der Diplompsychologe und Psychotherapeut Thorwald Dethlefsen (geb. 1946) wurde durch seine Bestseller »Krankheit als Weg« (mit Ruediger Dahlke) und »Schicksal als Chance« einem Millionenpublikum bekannt. Er entdeckte das zentrale Grundmuster, das hinter dem Schicksal eines jeden Menschen steht: Der Mensch lebt in der Polarität und agiert zwischen Schuld und der Sehnsucht nach Ganzwerdung. Er kann die Erlösung aber nur dann erreichen, wenn er lernt, den Weg nach innen zu gehen.

Dethlefsen widmete sein gesamtes Leben der Aufgabe, diesen Entwicklungsprozess für jeden Menschen einsichtig und gangbar zu machen. Er steht damit zuvorderst in der Tradition der größten Weisheitslehrer unserer Zeit.

Thorwald Dethlefsen verstarb Ende 2010 glücklich im Kreise seiner Angehörigen. Der Aurinia Verlag veröffentlicht 2014 und 2015 sämtliche Vorträge und die derzeit vergriffenen Werke dieser außergewöhnlichen Persönlichkeit in einer neuen, von den Angehörigen autorisierten Edition.

Für News, Hör- und Leseproben besuchen Sie bitte unsere Webseite unter www.thorwald-dethlefsen.de

Die legendären Vorträge voll Weisheit und Inspiration

Als Buch und digital remastered auf CD und als MP3-Download

01| Selbsterkenntnis – Der Weg zur Bewusstwerdung
■ ISBN 978-3-95659-531-8 ● 1 CD · 80 Min · ISBN 978-3-95659-501-1

02| Homöopathie als Urprinzip – Heilung durch das Resonanzgesetz
■ ISBN 978-3-95659-532-5 ● 2 CDs · 85 Min · ISBN 978-3-95659-502-8

03| Polarität und Einheit – Urwissen der Menschheit
■ ISBN 978-3-95659-533-2 ● 2 CDs · 90 Min · ISBN 978-3-95659-503-5

04| Vom Blei zum Gold – Alchemie als Weg zur Persönlichkeitsverwandlung
■ ISBN 978-3-95659-534-9 ● 2 CDs · 90 Min · ISBN 978-3-95659-504-2

05| Das Wort ward Fleisch – Leben mit dem Analogiegesetz
■ ISBN 978-3-95659-535-6 ● 2 CDs · 90 Min · ISBN 978-3-95659-505-9

06| Altes und neues Weltbild – Schattenarbeit, Homöopathie, Karma: Fragen & Antworten
■ ISBN 978-3-95659-536-3 ● 2 CDs · 100 Min · ISBN 978-3-95659-506-6

07| Die spirituelle Bedeutung von Weihnachten – Das innere Licht wird geboren
■ ISBN 978-3-95659-537-0 ● 2 CDs · 100 Min · ISBN 978-3-95659-507-3

08| Gedanken zum Ostermysterium: Wie im Himmel, so auf Erden – wie oben, so unten
■ ISBN 978-3-95659-538-7 ● 2 CDs · 100 Min · ISBN 978-3-95659-508-0

09| Ödipus der Rätsellöser – Die Erlösung der menschlichen Seele
■ ISBN 978-3-95659-539-4 ● 3 CDs · 180 Min · ISBN 978-3-95659-509-7

10| Prometheus – Schuld, Sünde und Einheit im menschlichen Dasein
■ ISBN 978-3-95659-540-0 ● 2 CDs · 90 Min · ISBN 978-3-95659-510-3

Die legendären Vorträge voll Weisheit und Inspiration

Als Buch und digital remastered auf CD und als MP3-Download

11| Krankheit als Weg – Praxis der ganzheitlichen Heilung
ISBN 978-3-95659-541-7 · 2 CDs · 140 Min · ISBN 978-3-95659-511-0

12| Krankheitsbilder – Praktische Symboldeutung
ISBN 978-3-95659-542-4 · 2 CDs · 140 Min · ISBN 978-3-95659-512-7

13| Krankheit, Schicksal, Heilung – Transformation durch die Gesetze des Lebens
ISBN 978-3-95659-543-1 · 1 CD · 60 Min · ISBN 978-3-95659-513-4

14| Astrologie und Schicksal – Meisterschaft durch Urprinzipien
ISBN 978-3-95659-544-8 · 1 CD · 75 Min · ISBN 978-3-95659-514-1

15| Astrologie als Symbol – Praktische psychologische Typenlehre
ISBN 978-3-95659-545-5 · 1 CD · 75 Min · ISBN 978-3-95659-515-8

16| Esoterik – Der Weg zur Selbstwerdung
ISBN 978-3-95659-546-2 · 1 CD · 70 Min · ISBN 978-3-95659-516-5

17| Reinkarnationstherapie I – Transformation meines Schattens
ISBN 978-3-95659-547-9 · 1 CD · 75 Min · ISBN 978-3-95659-517-2

18| Reinkarnationstherapie II – Das Buch des Lebens
ISBN 978-3-95659-548-6 · 2 CDs · 90 Min · ISBN 978-3-95659-518-9

» **Gold Edition – Sämtliche Vorträge im Set**
31 CDs · 29 Stunden · ISBN 978-3-95659-520-2

» **Auch im Internet als MP3-Download erhältlich!**
Besuchen Sie unseren Shop auf www.aurinia.de

William Walker Atkinson

Die moderne Esoterikwelt wäre ohne William Walker Atkinson (1862 – 1932) nicht denkbar. Er war ein modernes, brillantes Universalgenie und ein leuchtender Stern der esoterischen Welt damals wie heute. Mit vielen spirituellen Meistern seiner Zeit persönlich bekannt beschäftigte er sich über mehrere Jahrzehnte hinweg intensiv sowohl mit den östlichen Yoga-Lehren als auch mit christlicher Mystik, den Rosenkreuzern, der Gnosis und der Hermetik.

Als ein »Leonardo da Vinci der modernen Spiritualität« verband er diese unterschiedlichen Geistesströmungen miteinander und brachte sie in eine moderne und lebensnahe, dem heutigen Menschen gut verständliche Form. Sein umfangreiches Schaffen ist noch heute von großer Bedeutung, da Atkinson die ewig gültigen spirituellen Gesetze dieser Welt wie kein anderer in klare Worte zu fassen verstand.

Begünstigt durch das Erste Parlament der Weltreligionen 1893 in Chicago entwickelten sich verschiedene spirituell-esoterische Lehren zu einem festen Bestandteil der populären Kultur. Diese Bewegung wird heute »New Thought« genannt, jedoch reicht diese Begrifflichkeit nicht aus, um die Vielschichtigkeit der damaligen Ereignisse und Entwicklungen zusammenzufassen. Es war ein Schmelztiegel, der unterschiedliche Ansätze und Vorstellungen von dem beinhaltete, was man für spirituelle Weisheit hielt. So gab es Autoren und Vortragsredner mit sehr leicht verständlichen Inhalten, die heute weitgehend in Vergessenheit geraten sind. Ganz anders ein William Walker Atkinson, der die wahre Essenz der ewig gültigen spirituellen Weisheiten erfassen konnte. Sein Hauptwerk »Kybalion« ist bis heute unerreicht und zu einer wahren Legende geworden.

KYBALION EDITION

VON DEM EINGEWEIHTEN
WILLIAM WALKER ATKINSON

Die universellen Gesetze

KYBALION – DAS ORIGINAL
Die 7 hermetischen Gesetze
144 Seiten, ISBN 978-3-937392-17-2

KYBALION: Hörbuch auf 4 CDs
300 Min., ISBN 978-3-95659-010-8 und als Download auf **www.aurinia.de**

KYBALION 2
Die geheimen Kammern des Wissens
160 Seiten, ISBN 978-3-943012-70-5

KYBALION 3
Die geheimen Gesetze der Rosenkreuzer
272 Seiten, ISBN 978-3-943012-98-9

KYBALION 4
Die 7 kosmischen Gesetze – Das Vermächtnis des Meisters
128 Seiten, ISBN 978-3-943012-73-6

ÉLIPHAS LÉVI

7 MEISTERWERKE DER MAGIE

ILLUSTRATIONEN DIGITAL RESTAURIERT
ORIGINAL-INHALTE UNVERFÄLSCHT

Éliphas Lévi, »Transzendentale Magie – Dogma und Ritual«
536 Seiten, ISBN 978-3-937392-68-4

Éliphas Lévi, »Der Schlüssel zu den großen Mysterien«
268 Seiten, Paperback, ISBN 978-3-937392-70-7

Éliphas Lévi, »Die Geschichte der Magie«
ca. 420 Seiten, Paperback, ISBN 978-3-937392-65-3

Éliphas Lévi, »Das Buch der Weisen«
128 Seiten, Paperback, ISBN 978-3-937392-69-1

Éliphas Lévi, »Einweihung in die Hohe Magie und Zahlenmystik«
ca. 260 Seiten, Paperback, ISBN 978-3-937392-66-0

Éliphas Lévi, »Das große Geheimnis«
ca. 180 Seiten, Paperback, ISBN 978-3-937392-79-0

Éliphas Lévi, »Die salomonischen Schlüssel«
ca. 120 Seiten, Paperback, ISBN 978-3-943012-01-9

Paul Chacornac, »Éliphas Lévi – Der Meister der Magie«
Biografie, ca. 320 Seiten, ISBN 978-3-937392-09-7

H. E. Douval

H. E. Douval (1906 – 1975) ist ein Pseudonym von Herbert Döhren. In seiner Heimatstadt Berlin war er bis ca. 1930 in einem Verlag als Buchhalter tätig. Er heiratete 1943 in Dortmund, wo er bis zu seinem Lebensende blieb.

Über sein spirituelles Leben ist nur wenig bekannt. In den frühen 1950er-Jahren begann seine professionelle schriftstellerische Arbeit mit Veröffentlichungen, in denen er sich intensiv mit psychologischen Phänomenen, metaphysischen Fragestellungen und Spiritualität auseinandersetzte. Dabei blieb er stets einer klugen, bodenständigen und sehr pragmatisch orientierten Geisteshaltung treu. Diese Klarheit zeichnet noch heute seine Schriften aus. Er war ein freier Geist und fühlte sich weder einer Loge noch einem Orden verpflichtet.

Das Haus Döhren war sehr christlich orientiert, wobei Herbert Döhren selbst weniger den kirchlichen Institutionen nahestand, sondern den Ausspruch prägte: »Ein dankbarer Blick zum Himmel ist häufig besser als das schönste Gebet.«

Die neu lektorierten und sorgfältig überarbeiteten Neuausgaben dieses außergewöhnlichen Autors erscheinen exklusiv im Aurinia Verlag.

★ DAS LEHRSYSTEM FÜR MAGIER IN 12 STUFEN ★

H. E. DOUVAL

BÜCHER DER PRAKTISCHEN MAGIE

Stufe 1: Ritus und Zeremoniell der Magie

ISBN 978-3-943012-81-1

★

Stufe 2: Magische Hilfsmittel

ISBN 978-3-943012-82-8

★

Stufe 3: Konzentration als magische Kraft

ISBN 978-3-943012-83-5

★

Stufe 4: Gedankenstille – Mutter aller Magie

ISBN 978-3-943012-84-2

★

Stufe 5: Imagination als geistige Wegbahnung

ISBN 978-3-943012-85-9

★

Stufe 6: Hellsehen als experimentelle Magie

ISBN 978-3-943012-86-6

Stufe 7: Magie und Toxikologie

ISBN 978-3-943012-87-3

★

Stufe 8: Magie und Astrologie

ISBN 978-3-943012-88-0

★

Stufe 9: Die Verwandlung des magischen Menschen

ISBN 978-3-943012-89-7

★

Stufe 10: Magische Phänomene

ISBN 978-3-943012-90-3

★

Stufe 11: Sieben Welten und ihre Kräfte

ISBN 978-3-943012-91-0

★

Stufe 12: Stein der Weisen – Lebenselixier«

ISBN 978-3-943012-92-7

WEITERE TITEL IN VORBEREITUNG

WESTLICHE MYSTERIEN-TRADITION

Dion Fortune

DIE MYSTISCHE KABBALA

Der Yoga des Westens

Überarbeitete Neuausgabe

Gershom Scholem

SEFER HA-BAHIR

Das Buch Bahir

Gareth Knight

DIE SYMBOLE DER HEILIGEN KABBALA

Ein Praxisbuch

ca. 400 Seiten, ISBN 978-3-937392-83-7

WALTER E. BUTLER

PRAXISBÜCHER DER MAGIE

DAS MAGISCHE GESAMTWERK

»Die Aura – Sehen und Deuten«
86 Seiten, ISBN 978-3-937392-58-5

»Telepathie – Die Geheimnisse der geistigen Kommunikation«
92 Seiten, ISBN 978-3-937392-59-2

»Hellsehen – Der Weg zur außersinnlichen Wahrnehmung«
102 Seiten, ISBN 978-3-937392-60-8

»Magische Lehrstunden – Der Meister und sein Schüler«
180 Seiten, ISBN 978-3-937392-63-9

»Die magische Kabbala – Die Pforten des Lichts«
138 Seiten, ISBN 978-3-937392-64-6

»Heilige Magie – Der lichtvolle Pfad des Meisters«
104 Seiten, ISBN 978-3-937392-81-3

»Psychometrie – Die Aura der Gegenstände medial lesen«
88 Seiten, ISBN 978-3-937392-88-2

»Magie – Das Praxisbuch des Magiers«
280 Seiten, ISBN 978-3-937392-82-0

»Die Walter E. Butler Gesamtausgabe (8 Bände)«
1070 Seiten, ISBN 978-3-937392-84-4

Cheiro – Numerologie

Cheiro ist das Pseudonym eines der herausragendsten Okkultisten, Seher, Numerologen und Chirologen der vorletzten Jahrhundertwende. Graf Louis Hamon reiste bereits in sehr jungen Jahren in den Nahen und Fernen Osten, um dort gleichsam an den Quellen der okkulten Tradition Weisheiten und die mystischen Lehren der Hindus, Ägypter, Muslime und anderer Kulturen und Religionen in sich aufzunehmen. Zutiefst berührt von seinen Entdeckungen kehrte er in dem Bewusstsein ins Abendland zurück, dass er kostbare Schätze des Geistes gefunden hatte, die für jeden denkenden Menschen auf der Welt von unschätzbarem Wert waren. Wie recht Graf Hamon damit hatte, ist allein durch die Tatsache bewiesen worden, dass er in sehr kurzer Zeit in drei Kontinenten bekannt wurde.

Von vielen gekrönten Häuptern Europas, von Staatspräsidenten und Industriellen wurde er gebeten, persönlich zu kommen, um ihnen chirologisch, astrologisch und numerologisch zu raten und zu helfen. Denn Cheiro alias Hamon beherrschte die Kunst der Numerologie vollendet und seine Erfolge auf diesem Gebiet grenzten ans Wunderbare. Aber auch die Astrologie zog er stets mit ebenfalls größtem Erfolg heran, um das Wesen und die Schicksalsentwicklung seiner Klienten zu deuten und zu offenbaren.

Numerologie – Das Geheimnis der Zahlen

168 Seiten, ISBN 978-3-943012-71-2

Oswald Wirth

Oswald Wirth (* 1860 in der Schweiz, † 1943 in Frankreich) war ein weiser Eingeweihter und Meister des Tarot. Er war ein renommierter Heiler, berühmter Rosenkreuzer[1] und als Hochgradfreimaurer Mitglied im Obersten Rat der Freimaurer des »Alten Angenommenen Schottischen Ritus«, Tarotforscher sowie Schriftsteller und Künstler in den illustren Pariser Bohemienkreisen und Salons. Er arbeitete als Ministerialbibliothekar in Paris und war Herausgeber der Zeitschrift »Le Symbolisme«. In den mystischen Bildern des Tarot entdeckte er die Stationen der magischen Einweihung und die Symbole der Astrologie, Kabbala und Alchemie.

Oswald Wirth steht zusammen mit den großen Geistern der Esoterik Papus, Joséphin Péladan und seinem Mentor und Meister Graf Stanislas de Guaita in direkter Einweihungs-Tradition zum Meister der Magie Éliphas Lévi. Zusammen mit dem legendären Prinzen der Rosenkreuzer Graf de Guaita entwarf und zeichnete er den legendären Rosenkreuzer Wirth Tarot, der in esoterischen Orden und Logen bis heute sehr beliebt ist.

Der Rosenkreuzer Wirth Tarot ist das berühmte erste moderne Tarotdeck, das durch die große Yoga-Meisterin und Grande Dame des Tarot Elisabeth Haich (Autorin der Bestseller »Tarot – die Reise des Helden: 22 Stufen der Einweihung«, »Einweihung«) international bekannt wurde. Wirth arbeitete sein gesamtes Leben an diesem besonderen Tarotdeck. Schnell erkannten andere dessen tiefe Bedeutung,

1 Rosenkreuzer sind innere Kreise der Logen, Orden und spirituellen Gesellschaften, die sich mit dem höheren Einweihungswissen beschäftigen. Das goldene Kreuz ist das Symbol des goldenen (also transformierten) Menschen und die Rose das der aufblühenden Seele.

und so leiteten die Ordensbrüder Arthur Edward Waite und Aleister Crowley ihre eigenen Decks (Rider Waite Tarot, Thoth Tarot) davon ab.

Oswald Wirth verbindet die schweizerisch-deutsche und französische Tradition der Esoterik und schaffte mit seiner fundierten Forschungsarbeit den Brückenschlag zu den britischen Esoterik-Brüdern und -Schwestern z. B. im Golden Dawn.

Ausführlichere Informationen und Bilder finden sie im Internet unter:

www.rosenkreuzer-tarot.de

www.oswald-wirth.de

ELISABETH HAICH

TAROT – DIE REISE DES HELDEN

22 STUFEN DER EINWEIHUNG

Dieser Klassiker des Tarot führt uns in die tiefen Schichten unserer eigenen Seele. »Die Reise des Helden« ist die spirituelle Lebensreise eines jeden Menschen, der Tarot ein uralter Initiationsweg und ein spirituelles Einweihungssystem über magische Seelenbilder. Das Geheimnis der Großen Arkana besteht darin, dass die 22 Karten die geheimen 22 geistigen Tore der Einweihung repräsentieren. Die faszinierende Reise durch die Karten der Großen Arkana ist erfüllt mit uralten Menschheitserfahrungen und leuchtendem ewigen Wissen. Anhand der symbolischen Spiegelungen in den Kartenmotiven werden unser Schicksal und unsere Lebensaufgaben von Elisabeth Haich meisterhaft und ausführlich erläutert. Mithilfe der magischen Seelenbilder der Großen Arkana des berühmten Rosenkreuzer Wirth Tarotdecks (22 farbige Abbildungen) dient der initiatorische Tarot der Entwicklung der eigenen Persönlichkeit. Die Symboldeutung Haichs kann selbstverständlich auch auf andere Tarotdecks (z. B. Crowley Thoth oder Rider Waite Tarot) übertragen werden. Der Tarot ist der Spiegel der Seele auf unserem spirituellen Weg.

192 Seiten mit 22 farb. Abb., ISBN 978-3-943012-96-5

ÖSTLICHE WEISHEIT

ENTDECKEN SIE DIE GEHEIMNISSE DES FERNEN OSTENS

Dilip Kumar Roy, Indira Devi

AUTOBIOGRAFIE ZWEIER YOGIS

Eine göttliche Liebesgeschichte

400 Seiten, XL-Size, ISBN 978-3-95659-000-9

Paul Brunton

YOGIS – VERBORGENE WEISHEIT INDIENS

Mein Weg zu Ramana Maharshi

368 Seiten, ISBN 978-3-95659-005-4

Mouni Sadhu

RAMANA MAHARSHI

In Tagen des tiefen Friedens

ca. 368 Seiten, ISBN 978-3-95659-009-2